Matemáticas 4º ESO
12. Probabilidad

José Rodolfo Das López

Matemáticas 4º ESO - 12. Probabilidad
© José Rodolfo Das López, 2018.
Correo Electrónico: `jose.das@jrdas.org`
Diseño portada y contraportada: Claudia Escribano Máñez
Edita: Sección del IES Fernando III de Ayora en Jalance

ISBN: 978-84-17613-12-9
Depósito Legal: V-1629-2018
1ª edición: Junio, 2018

Índice

Índice	3
1 Experimentos aleatorios. Espacio muestral. Sucesos. Operaciones con sucesos	5
2 Operaciones con conjuntos. Diagramas de Venn	11
3 Probabilidad. Propiedades	12
4 Probabilidad en experimentos compuestos	23
5 Probabilidad condicionada	28
6 Unión de sucesos. Probabilidad de la unión	37
7 Probabilidad total	46
8 Teorema de Bayes	51
Soluciones	57

Abraham de Môivre fue un matemático francés del s. XVIII que desarrolló toda su carrera como profesor particular de Matemáticas en Londres. Mientras esperaba conseguir un puesto de profesor titular en la universidad (que no consiguió nunca por no ser inglés), escribió varias obras importantes, entre las que se encuentra la *Doctrine of Chances: or a method of calculating the probability of events in play*. En este libro, publicado en 1718, queda patente la relación entre la evolución matemática del cálculo de probabilidades y, como su nombre indica, los juegos de azar. De Môivre precisó los principios del cálculo de probabilidades y relacionó la teoría de las permutaciones y combinaciones con el cálculo de probabilidades.

También se le suele atribuir la regla de la probabilidad compuesta, según la cual la probabilidad de un suceso compuesto de otros dos independientes es igual al producto de las probabilidades de los sucesos simples que lo componen.

1 Experimentos aleatorios. Espacio muestral. Sucesos. Operaciones con sucesos

Si dejamos caer una piedra o la lanzamos, y conocemos las condiciones iniciales de altura, velocidad, etc., sabremos con seguridad dónde caerá, cuánto tiempo tardará, etc. Es una experiencia determinista. Si echamos un dado sobre una mesa, ignoramos qué cara quedará arriba. El resultado depende del azar. Es una experiencia aleatoria.

Experimentos o fenómenos aleatorios son los que pueden dar lugar a varios resultados, sin que pueda ser previsible enunciar con certeza cuál de éstos va a ser observado en la realización del experimento.

La vida cotidiana está plagada de sucesos aleatorios. Muchos de ellos, de tipo sociológico (viajes, accidentes, número de personas que acudirán a un gran almacén o que se matricularán en una carrera...) aunque son suma de muchas decisiones individuales, pueden ser estudiados, muy ventajosamente, como aleatorios.

Suceso aleatorio es un acontecimiento que ocurrirá o no, dependiendo del azar.

Espacio muestral es el conjunto formado por todos los posibles resultados de un experimento aleatorio. En adelante lo designaremos por U y llamaremos a sus elementos **sucesos elementales**.

Un **suceso compuesto**, o simplemente un **suceso**, es el conjunto formado por uno o más sucesos elementales.

Ejercicio resuelto 1.1

Decide si son o no aleatorios cada uno de los siguientes experimentos. En caso afirmativo, indica su espacio muestral, razona si los resultados elementales son equiprobables y escribe un ejemplo de suceso formado por más de un resultado elemental.

(a) Medir el diámetro de una circunferencia que encierra tres metros cuadrados de área.

(b) Observar el color de los ojos de la primera persona que me encuentro al salir de casa.

(a) Este experimento no es aleatorio, ya que su resultado se puede calcular sin realizar la medición física y directa.

(b) Este experimento sí es aleatorio, ya que no se puede saber el color de los ojos de una persona desconocida hasta que se la ve.

El espacio muestral es:

$$E = \{\text{negros, marrones, grises, verdes, azules}\}$$

Estos resultados, sucesos elementales, del espacio muestral no son equiprobables, ya que no es igual de fácil, por ejemplo, encontrarse a una persona con los ojos marrones que con los ojos azules.

Un ejemplo de suceso formado por más de un resultado elemental puede ser no tener los ojos ni grises ni verdes. Lo podemos representar como $A = \{\text{negros, marrones, azules}\}$. Decimos que este es un suceso compuesto.

1.1. Operaciones con sucesos

Ejercicio resuelto 1.2

Se hace girar una ruleta como la de la figura y se consideran los sucesos:

- *A = La aguja cae en un número par.*
- *B = la aguja cae en color azul.*
- *C = la aguja cae en un número par o en color azul.*
- *D = la aguja cae en un número par y en color azul.*

(a) *Escribe los sucesos elementales que forman A y B.*

(b) *¿Qué suceso se verifica cuando no se verifica A?*

(c) *Con la ayuda de A y B, escribe los sucesos C y D. ¿Pueden A y B ocurrir a la vez?*

(a) $A = \{2, 4, 6, 8\}$, $B = \{2, 7\}$

(b) A no se verifica cuando la aguja cae en un número impar. Decimos que este es el suceso contrario a A, y se escribe:
$$\overline{A} = \{1, 3, 5, 7\}$$

(c) El suceso C se verifica cuando la aguja cae en un número par o en color azul o en ambos a la vez. Es el suceso unión de A y B:
$$C = A \cup B = \{2, 4, 6, 7, 8\}$$

(d) El suceso D se verifica cuando la aguja cae en un número par y, también, en color azul. Es el suceso intersección de A y B.
$$D = A \cap B = \{2\}$$
Como el suceso D tiene al menos un elemento, los sucesos A y B pueden verificarse a la vez. Se dice que son sucesos compatibles.

El **suceso contrario**, $\overline{A}$, del suceso A es aquel que se verifica cuando no se realiza A. El **suceso unión**, $A \cup B$, de los sucesos A y B es el que se verifica cuando se realiza A o B o ambos a la vez. El **suceso intersección**, $A \cap B$, de los sucesos A y B es el que se verifica cuando se realizan los dos a la vez.

Ejercicio resuelto 1.3

Se considera el experimento aleatorio de lanzar tres monedas al aire y observar los resultados.

(a) Escribe los sucesos elementales que corresponden a los siguientes sucesos.

- A = obtener dos caras y una cruz
- B = obtener tres caras
- D = obtener al menos una cara
- E = obtener más cruces que caras

(b) Utilizando el apartado anterior y las operaciones con sucesos, escribe los sucesos elementales de:

- F = obtener menos de una cara
- G = obtener o bien dos caras y una cruz o bien tres caras
- H = obtener al menos una cara y obtener más cruces que caras

(a) $A = \{CCX, CXC, XCC\}$, $B = \{CCC\}$, $D = \{CXX, XCX, XXC, CCX, CXC, XCC, CCC\}$, $E = \{XXC, XCX, CXX, XXX\}$

(b) $F = \overline{D} = \{XXX\}$, $G = A \cup B = \{CCX, CXC, XCC, CCC\}$, $H = D \cap E = \{XXC, XCX, CXX\}$

Ejercicio resuelto 1.4

Se considera el experimento aleatorio que consiste en lanzar dos dados diferentes al aire y observar las puntuaciones obtenidas.
Escribe el espacio muestral. ¿Se trata de un espacio muestral de sucesos equiprobables?

Con la ayuda de las técnicas de recuento, se puede calcular el número de resultados diferentes que se pueden dar:

$$VR_{6,2} = 6^2 = 36$$

$$E = \begin{Bmatrix} (1\ 1) & (1\ 2) & (1\ 3) & (1\ 4) & (1\ 5) & (1\ 6) \\ (2\ 1) & (2\ 2) & (2\ 3) & (2\ 4) & (2\ 5) & (2\ 6) \\ (3\ 1) & (3\ 2) & (3\ 3) & (3\ 4) & (3\ 5) & (3\ 6) \\ (4\ 1) & (4\ 2) & (4\ 3) & (4\ 4) & (4\ 5) & (4\ 6) \\ (5\ 1) & (5\ 2) & (5\ 3) & (5\ 4) & (5\ 5) & (5\ 6) \\ (6\ 1) & (6\ 2) & (6\ 3) & (6\ 4) & (6\ 5) & (6\ 6) \end{Bmatrix}$$

Cada elemento del espacio muestral está formado por las puntuaciones obtenidas en un dado y en el otro. Por tanto, todos estos elementos son equiprobables.

Ejercicios

1. Escribe el número de resultados diferentes que forman el espacio muestral para cada uno de los siguientes experimentos aleatorios.

    (a) Lanzar cuatro monedas al aire.

    (b) Lanzar tres dados sobre la mesa.

    (c) Sacar, de una vez, dos bolas de una bolsa que contiene 10 bolas.

2. En una comisión de un congreso sobre temas internacionales se reúnen tres personas que hablan solo inglés con otras dos que hablan solo francés. Se eligen, por sorteo, dos de las personas para que coordinen los debates.

    Escribe los sucesos correspondientes en cada uno de los siguientes casos indicando si utilizas alguna de las operaciones de sucesos.

    (a) Las dos personas elegidas hablan la misma lengua.

    (b) Las dos personas elegidas hablan diferente lengua.

    (c) Al menos una de las dos personas elegidas habla francés.

(d) Al menos una de las personas elegidas no habla francés.

3. Una bolsa contiene dos bolas blancas y tres negras. Se extraen, de una sola vez, dos de las bolas.

   (a) Escribe el espacio muestral de este experimento aleatorio.

   (b) Si se consideran los sucesos:
   - S = obtener dos bolas de igual color
   - T = obtener al menos una bola blanca

Escribe los sucesos: $S \cup T, S \cap T, \overline{S}, \overline{T}, \overline{S} \cap T$.

¿Son S y T compatibles?

4. Una bolsa contiene dos bolas blancas y una negra. Se extraen dos bolas en estas condiciones.

   (a) Con reemplazamiento, es decir, antes de sacar la segunda bola, se devuelve la primera a la bolsa.
   (b) Sin reemplazamiento, es decir, se saca una bola y, sin devolverla a la bolsa, se extrae una segunda bola.
   (c) Las dos bolas se extraen a la vez.

Escribe el espacio muestral en cada caso y, también, los resultados que corresponden a los siguientes sucesos.

   - A = las dos bolas son blancas

   - B = las dos bolas son del mismo color

- C = hay más de dos bolas blancas

5. Escribe los espacios muestrales correspondientes a los siguientes experimentos aleatorios.

    (a) Lanzar dos monedas al aire.

    (b) Lanzar tres monedas al aire.

6. Se lanzan dos dados al aire, uno rojo y otro blanco, y se observan las puntuaciones que se obtienen en cada uno de ellos. Escribe los resultados que corresponden a cada uno de los siguientes sucesos.

    (a) A = obtener un 2 en el dado rojo y un 4 en el blanco

    (b) B = obtener como suma 7 puntos

    (c) C = obtener puntuaciones iguales

7. El espacio muestral de un experimento aleatorio es:
$$E = \{1, 3, 5, 7, 9, 10\}$$
Se consideran estos sucesos:
$$A = \{1, 5, 10\} \quad B = \{3, 5, 7, 9\} \quad C = \{9, 10\}$$
Escribe los sucesos elementales de $\overline{B}$, $A \cup B$ y $A \cap C$, e indica de qué tipo son los dos últimos.

8. En el experimento aleatorio consistente en lanzar un dado al aire, describe el suceso contrario de cada uno de los siguientes sucesos:

    (a) $A =$ "1"

    (b) $C =$ "número primo"

    (c) $B =$ "par"

    (d) $D =$ "menor que 3"

2 Operaciones con conjuntos. Diagramas de Venn

En la sección anterior hemos estudiado operaciones con sucesos. Cabe destacar que los sucesos, en general están definidos como conjuntos de ocurrencias. En este caso, resulta muy útil usar una representación gráfica de éstos. Esta representación se suele llevar a cabo mediante los conocidos como Diagramas de Venn.

Los **diagramas de Venn** son ilustraciones usadas en la rama de la Matemática y Lógica de clases conocida como teoría de conjuntos. Estos diagramas se usan para mostrar gráficamente la agrupación de cosas elementos en conjuntos, representando cada conjunto mediante un círculo o un óvalo. La posición relativa en el plano de tales círculos muestra la relación entre los conjuntos. Por ejemplo, si los círculos de los conjuntos A y B se solapan, se muestra un área común a ambos conjuntos que contiene todos los elementos contenidos a la vez en A y en B. Si el círculo del conjunto A aparece dentro del círculo de otro B, es que todos los elementos de A también están contenidos en B.

En las ilustraciones siguientes vemos ejemplos de la representación de conjuntos usando diagramas de Venn. En todos los casos, el rectángulo exterior representa el Universo o espacio total, U:

- Un conjunto A del espacio muestral:

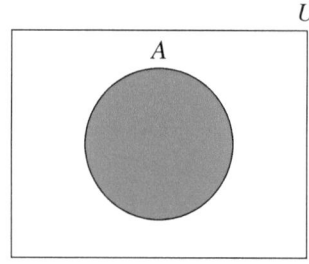

- El complementario de A, $\overline{A}$, aquéllos elementos que no están en A:

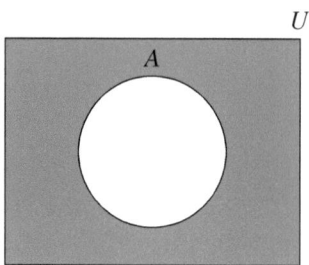

- La unión de dos sucesos A y B, elementos que están en alguno de los dos:

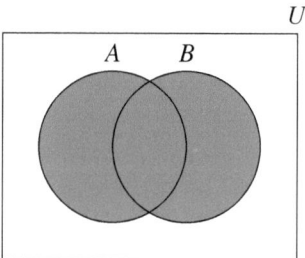

- La intersección de dos sucesos A y B, elementos que están en los dos:

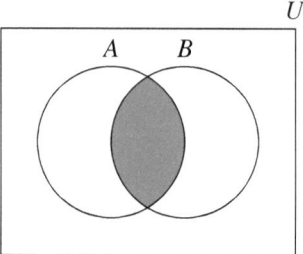

3 Probabilidad. Propiedades

La probabilidad de un suceso es un número que indica el grado de posibilidad de que ocurra dicho suceso. Dos sucesos son equiprobables si tienen la misma probabilidad.

Regla de Laplace

Supongamos un experimento aleatorio cuyo espacio muestral esté formado por sucesos equiprobables. La probabilidad de un suceso A es igual al cociente entre el número de sucesos elementales favorables al suceso A y el número de sucesos elementales posibles. Está representado por $P(A)$.

$$P(A) = \frac{\text{n}^\circ \text{ de sucesos elementales favorables a } A}{\text{n}^\circ \text{ de sucesos elementales posibles}}$$

Por tanto, para calcular la probabilidad de un suceso A utilizando la regla de Laplace se deben contar los sucesos posibles y los favorables a A:

- Si el espacio muestral no tiene muchos elementos, se puede construir para hacer los recuentos necesarios.
- Si el espacio muestral tiene muchos elementos, se utilizan las técnicas de recuento estudiadas en el tema anterior.

La regla de Laplace no se puede aplicar si no se está seguro de que los sucesos elementales son equiprobables. El resultado de aplicar la regla de Laplace puede ser:

- Un número decimal exacto. La probabilidad se puede expresar con la fracción irreducible o con el número decimal.
- Un decimal periódico. La probabilidad se puede expresar con la fracción irreducible o con el redondeo a las diezmilésimas del número decimal.

En cualquier caso, la probabilidad se puede expresar con un tanto por ciento.

Ejercicio resuelto 3.1

Se extrae una carta de una baraja española de cuarenta cartas y a continuación, sin devolverla a la baraja, se extrae una segunda carta, lo que equivale a extraer dos cartas simultáneamente. ¿Cuál es la probabilidad de obtener dos ases?

En este caso, el espacio muestral tiene muchos elementos. Vamos a calcular el número de sucesos elementales posibles y favorables:

- N° de sucesos elementales posibles: los elementos del espacio muestral son grupos de 2 cartas, elegidas entre 40 sin que importe el orden en que están colocadas, por tanto:

$$\text{N}^\circ \text{ de sucesos posibles} = C_{40,2} = \binom{40}{2} = 780$$

- N° de sucesos elementales favorables: es favorable cualquier grupo que contenga 2 ases de los 4 de que dispone la baraja, por tanto:

$$\text{N}^\circ \text{ de sucesos favorables} = C_{4,2} = \binom{4}{2} = 6$$

Así, aplicando la regla de Laplace, tenemos que

$$P(\text{dos ases}) = \frac{6}{780} \approx 0,0077$$

> **Ejercicio resuelto 3.2**
>
> *Se considera el experimento aleatorio que consiste en lanzar tres veces consecutivas una moneda. Escribe su espacio muestral y calcula la probabilidad de obtener más caras que cruces.*
>
> El espacio muestral es:
>
> $$E = \{CCC, CCX, CXC, XCC, CXX, XCX, XXC, XXX\}$$
>
> Como los sucesos son equiprobables, para calcular la probabilidad del suceso $A = $ obtener más caras que cruces podemos aplicar la regla de Laplace:
>
> $$P(A) = \frac{\text{Casos favorables}}{\text{Casos posibles}} = \frac{4}{8} = \frac{1}{2}$$

3.1. Propiedades de la probabilidad

- La probabilidad del suceso seguro es 1.

  El número de sucesos elementales favorables al suceso seguro es igual al número de sucesos posibles, por tanto: $P(E) = 1$.

- La probabilidad del suceso imposible es 0.

  No hay ningún suceso elemental favorable al suceso imposible, por tanto: $P(\emptyset) = 0$.

- La probabilidad de un suceso cualquiera A es mayor o igual que 0 y menor o igual que 1.

  El número de sucesos elementales favorables a un suceso es siempre menor o igual que el de sucesos posibles; por tanto, al dividir el primero entre el segundo, el cociente debe ser menor o igual que 1. Por otra parte, el cociente debe ser positivo, pues se dividen dos números positivos.

  $$0 \leq P(A) \leq 1$$

- La probabilidad del suceso $\overline{A}$, contrario de A, es 1 menos la probabilidad de A.

  Sea

  - $n = $ n° de sucesos elementales posibles de un espacio muestral.
  - $a = $ n° de sucesos elementales favorables a A
  - $n - a = $ n° de sucesos elementales favorables a $\overline{A}$

  entonces

  $$\boxed{P(\overline{A}) = \frac{n-a}{n} = \frac{n}{n} - \frac{a}{n} = 1 - P(A)}$$

  En ocasiones, para calcular la probabilidad de un suceso es mejor calcular primero la de su contrario.

Ejercicio resuelto 3.3

Una perra tiene tres cachorros. ¿Cuál es la probabilidad de que al menos una de las crías sea hembra?

La probabilidad de que los tres cachorros sean machos es:

$$P(A) = \frac{\text{Casos favorables}}{\text{Casos posible}} = \frac{1}{VR_{2,3}} = \frac{1}{2^3} = \frac{1}{8}$$

Así, la probabilidad de que haya al menos una hembra es:

$$P(A) = 1 - P(\overline{A}) = 1 - \frac{1}{8} = \frac{7}{8}$$

Ejercicios

9. Se eligen dos cartas de una baraja española. Calcula la probabilidad de que ambas sean de oros si la elección se ha realizado:

    (a) Con reemplazamiento.

    (b) Sin reemplazamiento.

10. Se tiene una bolsa con ocho bolas negras y dos blancas. Se extraen dos bolas de una vez. Calcula la probabilidad de que sean del mismo color.

11. En una familia con tres hermanos, calcula las siguientes probabilidades.

    (a) Que los tres sean chicos.

    (b) Que al menos sean dos chicas.

(c) Que haya más chicas que chicos.

12. Calcula la probabilidad de no sacar un oro cuando se elige al azar una carta de una baraja de 40.

13. Se elige al azar una carta de una baraja de 40. Calcula la probabilidad de que la carta sea de oros o una figura.

14. Calcula la probabilidad de que, al lanzar dos dados sobre la mesa, las puntuaciones o bien sean iguales o bien sumen 8 puntos.

15. En un monedero hay dos monedas de un euro y dos de dos euros. Se saca una moneda que resulta de dos euros, se devuelve y se saca otra moneda. ¿Cuál es la probabilidad de que sea también de dos euros?

16. Carmen y Chema realizan un experimento aleatorio consistente en lanzar dos monedas al aire. Escribe el espacio muestral y calcula la probabilidad de los siguientes sucesos: $A =$ "dos caras", $B =$ "dos cruces" y $C =$ "una cara y una cruz". ¿Cuánto suman las tres probabilidades anteriores?

17. Los perros de cierta raza pueden nacer con el pelo blanco o negro y con el hocico negro o marrón. La probabilidad de que nazcan con el pelo blanco es 0,25, la de que nazcan con el hocico marrón es 0,6, y la de que nazcan con el pelo y el hocico del mismo color es 0,15. Calcula la probabilidad de que un perro nazca con el pelo negro o con el hocico negro.

18. Para elegir el lugar de vacaciones, Miguel y Natalia meten en una bolsa cinco papeles: dos con el nombre de un país suramericano y tres con el de un país africano. Miguel elige al azar un papel y vuelve a introducirlo en la bolsa. Después, Natalia elige otro papel. ¿Cuál es la probabilidad de que los dos papeles elegidos contengan el mismo país? ¿Y de que contengan un país del mismo continente?

19. Se extrae una carta de una baraja de 40 cartas. Calcula la probabilidad de los siguientes sucesos:

    (a) $A=$ "as"

    (b) $C=$ "figura"

    (c) $B=$ "oros"

    (d) $D=$ "no es una espada"

20. En una clase con 9 chicos y 12 chicas, se quieren elegir dos representantes. Halla la probabilidad de que:

    (a) Salgan dos chicos.

    (b) Salgan dos chicas.

21. Marta, Juan, Luis y Javier van a jugar al tenis y sortean quién se enfrentará a quién.

    (a) ¿Cuál es la probabilidad de que Marta se enfrente a Luis?

    (b) ¿Cuál es la probabilidad de que los dos jugadores sean chicos?

22. Un estudio de calidad de un producto muestra que la probabilidad de que sea defectuoso es 0,3. ¿Cuál es la probabilidad de que no lo sea?

23. En una laguna hay peces de color verde y peces de color plateado. Con una red se sacan 50 peces, de los que 12 resultan ser verdes, y el resto, plateados. Se considera el experimento aleatorio sacar un pez de la laguna y observar su color.

    (a) ¿Qué probabilidades asignarías a los sucesos $V =$ el color es verde y $P =$ el color es plateado?

    (b) Si se sabe que en la laguna hay aproximadamente 1250 peces, ¿cuántos habrá de cada color?

24. Una bolsa contiene cinco papeletas marcadas con los números 0, 1, 2, 3 y 4. Se extraen dos de ellas de una sola vez.

    (a) Escribe el espacio muestral correspondiente al experimento. ¿Son equiprobables los sucesos elementales?

(b) Calcula la probabilidad de que los números de las dos papeletas sumen 5.

(c) Halla la probabilidad de obtener como suma de las dos papeletas un número impar.

(d) ¿Cuál es la probabilidad de obtener dos números impares?

25. Se ha construido un dado cargado de forma que el cinco y el seis tienen el doble de probabilidad que cualquiera de las otras dos caras. Halla la probabilidad de:

   (a) Obtener cada una de las caras.

   (b) Obtener un número mayor o igual que 3.

   (c) Obtener un número menor que 3.

26. ¿Cuál es la probabilidad de que al ordenar al azar las 10 cartas de oros, estén juntas el rey y el caballo?

27. Calcula la probabilidad de que en un grupo de 10 amigos, al menos dos hayan nacido el mismo día de la semana.

28. Una bolsa contiene 2 bolas blancas y 3 negras. Belén, Ricardo, Javier y Elena extraen, en este orden, una bola de la bolsa sin devolución. El primero que extraiga una bola blanca recibirá como premio una semana en una estación de esquí con los gastos pagados. Determina las probabilidades que tiene cada uno de obtener el premio.

29. Se han lanzado 450 chinchetas sobre el suelo y han caído 78 con la punta hacia arriba y el resto apoyándose sobre la cabeza y sobre la punta.

    Asigna las probabilidades a los sucesos elementales del experimento aleatorio observar cómo cae sobre el suelo una chincheta.

30. Se extraen tres cartas a la vez de una baraja española de 40. Se consideran los sucesos:

    - C = sacar las tres cartas del mismo palo
    - T = obtener las tres cartas con el mismo número
    - D = sacar tres cartas con número diferente

    Se sabe que las probabilidades de los tres sucesos son $p = 0,004$, $q = 0,777$ y $r = 0,0486$, pero no obligatoriamente en este orden.

    Indica la probabilidad que corresponde a cada uno de los sucesos.

31. Averigua cuántos sucesos elementales hay en estos experimentos aleatorios e indica si son o no equiprobables.

    (a) Se elige una carta al azar de un mazo que contiene los cuatros ases y las doce figuras.

    (b) En una clase de ESO hay estudiantes de 15 y 16 años. De ellos, algunos cursan Matemáticas A, y otros, Matemáticas B. Se elige un compañero al azar y se observa su edad y la opción de Matemáticas que estudia.

(c) Se lanzan 5 monedas al aire y se observa el número de cruces obtenidas.

32. En el experimento aleatorio consistente en el lanzamiento de cuatro monedas al aire, ¿cuál es el suceso contrario a "obtener al menos una cara"? Calcula la probabilidad de este suceso de dos formas distintas.

33. Calcula de la forma más sencilla:

    (a) La probabilidad de que al lanzar dos dados al aire no salgan dos 6.

    (b) La probabilidad de obtener al menos un caballo en la extracción de dos naipes de una baraja de 40.

34. Si en un experimento aleatorio consistente en extraer una bola de una urna, la probabilidad de que salga roja es $\frac{1}{5}$ ¿cuál es la probabilidad de que no salga roja? ¿Por qué?

35. En una caja tenemos 15 bolas blancas, 30 bolas negras y 45 bolas verdes. Si extraemos tres bolas simultáneamente. ¿cuál es la probabilidad de que salga una bola de cada color?

36. Calcula la probabilidad de no obtener dos números iguales al lanzar dos dados sobre una mesa.

37. Ana, Juan y Raúl están esperando para realizar una consulta médica y sortean el orden en que van a entrar.

    (a) Halla la probabilidad de que los dos últimos en entrar sean hombres.

    (b) Determina si son independientes los sucesos:
        - S_1 = "la mujer entra antes que alguno de los hombres".
        - S_2 = "los dos hombres entran consecutivamente".

38. Se consideran todos los posibles números de tres cifras que se pueden formar con los dígitos 1, 3, 5, 7 y 9 sin que se repita ninguno. Calcula la probabilidad de que, elegido uno de estos al azar:

    (a) Comience por 3.

    (b) Acabe en 79.

    (c) Sea menor que 700.

39. Resuelve el ejercicio anterior de forma que los dígitos se puedan repetir.

4 Probabilidad en experimentos compuestos

Un experimento es compuesto cuando está formado por varios experimentos simples. En general, la forma más habitual y conveniente de representar un experimento compuesto es mediante diagramas de árbol. Para calcular la probabilidad de un suceso correspondiente a un experimento compuesto, se multiplican las probabilidades de las ramas del diagrama de árbol que forman el camino que lleva a dicho suceso.

Ejercicio resuelto 4.1

Beatriz quiere planificar sus vacaciones. Como lugares posibles puede elegir entre ciudad, mar o montaña; como meses, julio o agosto, y como medio de transporte, coche o avión. La siguiente tabla muestra las probabilidades correspondientes a cada una de las opciones.

Ciudad	1/4	Julio	1/4	Avión	1/2
Montaña	1/2	Agosto	3/4	Coche	1/2
Mar	1/4				

Indica de forma ordenada todas las posibilidades que puede planificar y calcula:

1. *La probabilidad de que Beatriz vaya a la montaña en julio y utilice el avión como medio de transporte.*

2. *La probabilidad de que vaya al mar en agosto y en coche.*

La planificación total de las vacaciones se puede considerar como un experimento aleatorio compuesto de tres experimentos aleatorios simples: lugar, mes y transporte.
Para determinar de forma ordenada todos los resultados de este experimento compuesto, podemos utilizar un diagrama de árbol. En cada una de sus ramas escribimos la probabilidad correspondiente. La suma de todas las probabilidades que salen de cada vértice debe ser 1.

1. La probabilidad de que Beatriz vaya, finalmente, a la montaña en julio y en avión será:

$$\frac{1}{2} \cdot \frac{1}{4} \cdot \frac{1}{2} = \frac{1}{16}$$

2. La probabilidad de que vaya al mar en agosto y en coche será:

$$\frac{1}{4} \cdot \frac{3}{4} \cdot \frac{1}{2} = \frac{3}{32}$$

4.1. Compatibilidad de sucesos

Dos sucesos, A y B, son **compatibles** si pueden verificarse simultáneamente. En caso contrario, se dice que son **incompatibles**.

Observa que si dos sucesos, A y B, se pueden verificar a la vez es porque tienen en común algún elemento del espacio muestral, por tanto, se puede afirmar que su intersección tiene algún elemento, es decir:

- A y B son compatibles si y sólo si $A \cap B \neq \emptyset$
- A y B son incompatibles si y sólo si $A \cap B = \emptyset$

Ejercicio resuelto 4.2

En un experimento aleatorio, que consiste en la extracción de una carta de una baraja española, se consideran estos sucesos: $A =$ "oros", $B =$ "figura", $C =$ "menor que 3"

1. *¿Son los sucesos A y B compatibles?*

    A y B son compatibles, ya que se verifican a la vez si se obtiene cualquier figura de oros:
    $$A \cap B = \{S_O, C_O, R_O\}$$

2. *¿Son B y C compatibles?*

    Si se obtiene una figura, no es posible que el número de la carta sea menor que 3; por tanto, B y C son incompatibles.

Ejercicios

40. Indica si estos experimentos son simples o compuestos.

    (a) Lanzar un dado

    (b) Lanzar dos dados de una vez

    (c) Lanzar tres dados de forma consecutiva

    (d) Sacar una carta de una baraja

    (e) Sacar, sin reemplazamiento, dos cartas de una baraja

    (f) Sacar dos cartas de una baraja de una sola vez

41. Una bolsa contiene dos bolas negras, tres verdes y una blanca. Se extraen dos bolas de forma consecutiva. Calcula la probabilidad de que las dos bolas elegidas hayan sido negras.

42. La probabilidad de acertar en una diana es de cuatro quintos.

    (a) ¿Cuál es la probabilidad de acertar las 5 veces al hacer 5 tiros?

    (b) ¿Y de que se acierte las cuatro primeras pero la última se falle?

    (c) ¿Crees que la probabilidad de acertar cuatro de las cinco veces, siendo indiferente en cuál de ellas se ha fallado, es la misma que la del apartado (b)? ¿Por qué?

43. Una bolsa contiene dos bolas negras y tres blancas. Se sacan dos bolas. Calcula la probabilidad de que la primera extraída sea blanca y la segunda negra si:

    (a) La extracción se realiza con reemplazamiento.

    (b) La extracción se realiza sin reemplazamiento.

44. Se lanza cuatro veces una moneda. ¿Cuál es la probabilidad de que todas las veces se obtenga una cara? ¿Y la de que las tres primeras veces se obtenga una cara y la cuarta una cruz?

45. Dibuja un diagrama de árbol que represente todas las posibilidades que se pueden dar al lanzar tres veces una moneda y halla la probabilidad de los resultados.

46. En una zona de clima muy regular, la probabilidad de que un día llueva es de dos quintos si el día anterior ha llovido, y de un décimo si el día anterior no ha llovido. Hoy ha llovido.

    (a) ¿Cuál es la probabilidad de que mañana no llueva? ¿Y de que mañana y pasado mañana llueva?

    (b) ¿Cuál es la probabilidad de que en ninguno de los tres próximos días llueva?

47. Para contactar con el departamento de información de conexión a internet de una compañía telefónica es necesario llamar primero a "Información general", que pasa la llamada a "Información técnica", que, finalmente, pasa la llamada a "Información sobre conexiones". Las probabilidades de que cuando se llama a cada uno de esos departamentos todas las líneas estén ocupadas y de que, por tanto, se interrumpa la llamada son 0,15; 0,10 y 0,08, respectivamente.

    Calcula la probabilidad de poder contactar con el departamento de "Información sobre conexiones".

48. Se lanzan dos dados al aire. Ordena los siguientes sucesos de mayor a menor probabilidad.

    (a) La suma de puntos obtenida es 7.

    (b) La suma de puntos obtenida es 3.

    (c) La suma de puntos obtenida es 11.

49. Se lanzan dos dados al aire. Determina el espacio muestral y la probabilidad de los siguientes sucesos:

    (a) $A =$ "dos 3"

(b) $B=$ "los dos números son mayores que 4"

(c) $C=$ "el producto de los dos es un número impar"

(d) $D=$ "la suma es 10"

50. Una urna contiene 50 papeletas numeradas del 1 al 50. Se extrae una papeleta al azar, se anota el número y se devuelve a la urna. Después se extrae otra papeleta y se anota el número que contiene.

    (a) Calcula la probabilidad de que las dos papeletas extraídas tengan el número 25.

    (b) Calcula la probabilidad de que las dos papeletas elegidas tengan números pares.

    (c) Contesta las dos cuestiones anteriores en el supuesto de que la primera papeleta elegida no se devuelva a la urna.

5 Probabilidad condicionada

5.1. Suceso condicionado

El **suceso A condicionado al suceso B** es el suceso que se verifica cuando se verifica A una vez que se ha verificado B. Se representa con $A|B$.

5.2. Probabilidad condicionada

Dados dos sucesos A y B de un mismo experimento aleatorio, se denomina **probabilidad del suceso A condicionado al suceso B**, y se representa por $P(A|B)$ la probabilidad de que ocurra A sabiendo que ha ocurrido B.

$$P(A|B) = \frac{P(A \cap B)}{P(B)}$$

Ejercicio resuelto 5.1

En una clase de 30 alumnos, 14 son chicos, y 16, chicas. De los 14 chicos, 5 estudian francés, y el resto, inglés, y de las 16 chicas, 7 estudian francés, y las otras 9, inglés. Se elige uno de los 30 alumnos al azar. Calcula la probabilidad de los siguientes sucesos.

(a) Ser chica.

(b) Estudiar francés.

(c) Ser chica y estudiar francés.

(d) Sabiendo que es chica, que estudie francés.

Comprueba que el cociente entre las probabilidades (c) y (a) coincide con la probabilidad (d).

Para observar de forma más sencilla los datos, construimos una tabla de doble entrada llamada tabla de contingencia.

	Chicas	Chicos	Totales
Francés	7	5	12
Inglés	9	9	18
Totales	16	14	30

(a) $P(\text{ser chica}) = \frac{16}{30} = \frac{4}{15}$

(b) $P(\text{estudiar francés}) = \frac{12}{30}$

(c) $P(\text{estudiar francés y ser chica}) = P(\text{estudiar francés} \cap \text{ser chica}) = \frac{7}{30}$

(d) En este caso, las condiciones del cálculo de probabilidades han variado, ya que contamos con una información adicional: se sabe con seguridad que el alumno elegido ha resultado ser chica.

$$P(\text{estudiar francés} \mid \text{sabiendo que es chica}) = \frac{7}{16}$$

El cociente entre las probabilidades de (c) y (a) es:

$$\frac{P(\text{estudiar francés} \cap \text{ser chica})}{P(\text{ser chica})} = \frac{\frac{7}{30}}{\frac{16}{30}} = \frac{7}{16}$$

5.3. Sucesos independientes

Dos sucesos, A y B, son **independientes** si la verificación de uno de ellos no influye en la probabilidad de que se verifique el otro. En caso contrario, son dependientes.

Dos sucesos A y B son independientes si y sólamente si $P(A|B) = P(A)$.

Dos sucesos A y B son dependientes si y sólamente si $P(A|B) \neq P(A)$.

Ejercicio resuelto 5.2

Retomando el ejemplo ??, averiguar si A y B son independientes.

En el ejemplo anterior, con los sucesos $A =$ "par" y $B =$ "roja":

$$P(A) = \frac{5}{10} = \frac{1}{2} \text{ y } P(A|B) = \frac{1}{2}$$

entonces $P(A) = P(A|B)$, luego A y B son independientes.

5.4. Probabilidad de la intersección según la dependencia

Si se despeja $P(A \cap B)$ de la fórmula de la probabilidad condicionada:

$$P(A|B) = \frac{P(A \cap B)}{P(B)} \text{ si y sólo si } P(A \cap B) = P(A|B) \cdot P(B)$$

Asimismo:

A y B son independientes si y sólo si $P(A|B) = P(A)$ que es equivalente a que $P(A \cap B) = P(A) \cdot P(B)$

A y B son dependientes si y sólo si $P(A|B) \neq P(A)$ que es lo mismo que $P(A \cap B) \neq P(A) \cdot P(B)$.

En ocasiones es interesante conocer la relación que existe entre la probabilidad de un suceso A condicionado a otro suceso B y la recíproca, la de B condicionado a la ocurrencia del suceso A. Deducimos esta relación de la siguiente forma:

Por un lado,

$$P(A|B) = \frac{P(A \cap B)}{P(B)}, \text{ por lo que } P(A \cap B) = P(A|B)P(B)$$

Por otro lado

$$P(B|A) = \frac{P(B \cap A)}{P(A)}, \text{ por lo que } P(B \cap A) = P(B|A)P(A)$$

Como $P(A \cap B) = P(B \cap A)$:

$$P(A|B) \cdot P(B) = P(B|A) \cdot P(A)$$

Ejercicio resuelto 5.3

Se lanzan un dado y una moneda.

(a) En la moneda ha salido cara, ¿influye algo este resultado para que en el dado salga 2?

(b) ¿Cuál es la probabilidad de que en la moneda salga cara y en el dado un 2?

(a) El resultado de la moneda no influye en nada en el resultado del dado, y viceversa. Decimos que los sucesos salir cara y salir 2 son independientes.

(b) Para calcular la probabilidad de la intersección de estos sucesos, multiplicamos la probabilidad de cada uno de ellos.

$$P(\text{salir cara} \cap \text{salir 2}) = P(\text{salir cara}) \cdot P(\text{salir 2}) = \frac{1}{2} \cdot \frac{1}{6} = \frac{1}{12}$$

Ejercicios

51. En una bolsa hay 10 bolas verdes, de las que 4 tienen lunares y el resto son lisas, y 15 bolas rojas, de las que 5 tienen lunares y el resto son lisas. Se elige una bola al azar.

    (a) Ordena los datos en una tabla de doble entrada.

    (b) Calcula la probabilidad de que sea verde.

    (c) Calcula la probabilidad de que sea lisa.

    (d) Calcula la probabilidad de que sea lisa y verde.

(e) Se sabe que tiene lunares. ¿Cuál es la probabilidad de que sea roja?

52. Calcula la probabilidad de que, al extraer 2 bolas sin reemplazamiento de una bolsa que contiene 2 blancas, 3 verdes y 1 negra, resulten ser las dos verdes.

53. Calcula la probabilidad de sacar 2 bolas del mismo color al sacar con reemplazamiento 2 bolas de una bolsa con 3 blancas y 4 negras.

54. Completa la tabla de contingencia y calcula la probabilidad que se indica en cada apartado.

	A	B	Total
a	8		20
b			
Total		19	40

(a) $P(A|a)$ | (b) $P(A|b)$ | (c) $P(b|B)$

55. Calcula la probabilidad $P(A|A)$ sabiendo que A es un suceso diferente del suceso imposible.

56. La probabilidad de que una persona elegida al azar practique algún deporte es 0,6. Halla la probabilidad de que dos al azar practiquen algún deporte.

57. Se han ordenado en una tabla de contingencia los datos recogidos para realizar una encuesta. Parte de la información se ha perdido y parte ha quedado algo confusa. Finalmente, se consigue rescatar la siguiente.

	Fumador	No fumador	Total
Hombre	35		
Mujer		80	115
Total	75		200

¿Crees que puede ser correcta?

58. Se sacan, con reemplazamiento, 2 bolas de una bolsa que contiene 2 blancas y 3 negras. Indica si los sucesos A y B son dependientes o independientes, y calcula la probabilidad de su intersección.

- $A =$ la primera bola extraída es blanca

- $B =$ la segunda bola extraída es blanca

¿Qué ocurre si la extracción es sin reemplazamiento?

59. Una bolsa contiene 2 bolas negras y 5 rojas. Calcula la probabilidad de obtener 2 bolas del mismo color cuando se sacan al azar 2 bolas:

(a) Con reemplazamiento.

(b) Sin reemplazamiento.

60. En un grupo de 100 personas, el 40% son hombres; el 30%, personas mayores de edad, y el 20% son chicos menores de edad.

    Se elige una persona al azar.

    (a) Calcula la probabilidad de que sea mujer.

    (b) Calcula la probabilidad de que sea hombre mayor de edad.

    (c) Sabiendo que es un menor de edad, calcula la probabilidad de que sea una chica.

61. La probabilidad de esperar menos de 5 minutos al autobús es 0,65.

    (a) Calcula la probabilidad de esperar menos de cinco minutos durante tres días seguidos.

    (b) Calcula la probabilidad de que, en al menos uno de los tres días observados, se tenga que esperar más de 5 minutos.

62. En la extracción de una carta de una baraja se consideran: $A =$ "espadas" y $B =$ "figura". Calcula:

    (a) $P(A)$, $P(B)$, $P(A \cap B)$, $P(A|B)$ y $P(B|A)$.

    (b) ¿Son los sucesos A y B independientes?

63. De las 50 personas que hay en una discoteca, 20 son chicas. Entre chicos y chicas, hay 10 personas bailando. También se sabe que hay 24 chicos que no lo están. Se otorga un premio por sorteo a una de las personas que están bailando. ¿Cuál es la probabilidad de que le toque a un chico?

64. Determina, para cada apartado, si los sucesos A y B son independientes:

    (a) $P(A) = 0,4, P(A|B) = 0,3$.

    (b) $P(A) = 0,5, P(B) = 0,2, P(A \cap B) = 0,1$.

    (c) $P(A) = 0,8, P(B) = 0,6, P(A \cap B) = 0,4$.

65. Sara tiene en un acuario 4 peces rojos, 3 negros y 5 grises, y, para regalarlos, cambia a una pecera primero un pez y luego otro. Calcula la probabilidad de que:

    (a) El segundo sea rojo, si sabemos que el primero ha sido rojo.

    (b) El segundo sea negro, si el primero ha sido rojo.

66. Indica razonadamente si los siguientes sucesos son dependientes o independientes:

    (a) En la extracción sin reemplazamiento de dos cartas de una baraja, $A =$ "as en la primera extracción" y $B =$ "rey en la segunda extracción".

(b) En el lanzamiento de dos dados, $A =$ "6 en el primer dado" y $B =$ "6 en el segundo dado".

67. En la extracción de un naipe de una baraja española, consideramos los sucesos: $A =$ "oros", $B =$ "figura", $C =$ "as" y $D =$ "caballo". Describe cada uno de los siguientes sucesos.

    (a) $A \cap B$

    (b) $A \cap D$

    (c) $A \cap C$

    (d) $B \cap D$

    (e) $B \cap C$

    (f) $C \cap D$

68. Una bolsa contiene 3 bolas blancas y 2 rojas. Se extrae una bola que resulta ser blanca y, seguidamente, se extrae una segunda bola. Calcula la probabilidad de que esta segunda bola sea roja si:

    (a) La primera bola se devolvió a la bolsa antes de sacar la segunda.

    (b) La extracción de la segunda bola se hizo sin haber devuelto la primera a la bolsa.

69. Se lanza un dado de quinielas tres veces consecutivas.[1]

    (a) Calcula la probabilidad de obtener un 1 las tres veces.

    (b) Se sabe que en la primera tirada ha salido un X. Calcula la probabilidad de que en las dos siguientes salga también una X.

70. Se sacan, de forma sucesiva y sin reemplazamiento, dos cartas de una baraja española.

    (a) Indica si los sucesos sacar la primera una carta de oros y sacar la segunda una carta de oros son o no independientes.

    (b) Calcula la probabilidad de que las dos cartas extraídas sean de oros.

71. La tabla muestra los usuarios de un polideportivo municipal según el sexo.

	Mujeres	Hombres	Totales
Atletismo	24		50
Natación		40	
Totales	66		

    (a) Si se elige una persona al azar, ¿cuál es la probabilidad de que sea hombre y haga natación?

    (b) Si se elige una persona al azar y resulta estar apuntada a atletismo, ¿cuál es la probabilidad de que sea mujer?

---

[1] Un dado de quinielas tiene 3 caras con un 1, dos con una X y una con un 2.

72. En una caja hay 10 bombillas, 2 de las cuales son defectuosas. Con el fin de detectarlas, se va probando una tras otra ¿Cuál es la probabilidad de que la tarea finalice exactamente en el tercer intento?

6 Unión de sucesos. Probabilidad de la unión

La unión de dos sucesos, A y B, es el suceso que se verifica cuando se verifica A o cuando se verifica B. Se representa por $A \cup B$.

> **Ejercicio resuelto 6.1**
>
> *En el experimento aleatorio consistente en el lanzamiento de un dado, se definen los sucesos $A =$ obtener un número par y $B =$ obtener un número mayor que 3. Identifica los sucesos elementales que forman cada suceso y define $A \cup B$.*
>
> $A =$ "par" $= \{2,4,6\}$
> $B =$ "mayor que 3" $= \{4,5,6\}$
> El suceso $A \cup B$ se verifica si el número obtenido es par o si es mayor que 3; por tanto, está formado por los sucesos de A y los de B:
> $$A \cup B = \{2,4,5,6\}$$

6.1. Probabilidad de la unión

Supongamos un experimento aleatorio cuyo espacio muestral está formado por n sucesos elementales equiprobables. Por ejemplo:

- $n_A =$ n° de sucesos favorables a un suceso A
- $n_B =$ n° de sucesos favorables a un suceso B
- $n_{A \cap B} =$ n° de sucesos favorables a un suceso $A \cap B$

Puesto que $A \cup B$ está formado por los sucesos que pertenecen a A o a B, el número de sucesos favorables a $A \cup B$ será la suma de n_A y de n_B menos $n_{A \cap B}$, ya que al sumar n_A y n_B se cuentan dos veces los sucesos comunes.

Entonces:

$$P(A \cup B) = \frac{n_A + n_B - n_{A \cap B}}{n} = \frac{n_A}{n} + \frac{n_B}{n} - \frac{n_{A \cap B}}{n} = P(A) + P(B) - P(A \cap B)$$

La probabilidad de la unión de dos sucesos es:

$$\boxed{P(A \cup B) = P(A) + P(B) - P(A \cap B)}$$

Ejercicio resuelto 6.2

Tenemos una bolsa con 5 bolas: 2 blancas y 3 negras. Si se extraen dos bolas sin reemplazamiento de la bolsa, ¿cuál es la probabilidad de que ambas sean del mismo color?

Para que las dos bolas sean del mismo color puede ocurrir que las dos sean blancas o que las dos sean negras.

Tenemos que calcular la probabilidad de la unión de estos sucesos:

$A =$ las dos bolas son blancas y $B =$ las dos bolas son negras

$$P(A) = \frac{C_{2,2}}{C_{5,2}} = \frac{1}{10} \qquad P(B) = \frac{C_{3,2}}{C_{5,2}} = \frac{3}{10}$$

La probabilidad de la unión de estos sucesos será la suma de las probabilidades de cada uno de ellos menos la probabilidad de la intersección de ambos.

Como las dos bolas no pueden ser blancas y negras a la vez, la probabilidad de la intersección es 0. Así:

$$P(A \cup B) = P(A) + P(B) - P(A \cap B) = \frac{1}{10} + \frac{3}{10} - 0 = \frac{4}{10} = \frac{2}{5}$$

La probabilidad de que las dos bolas sean del mismo color es $0,4$.

Ejercicio resuelto 6.3

En el experimento aleatorio que consiste en lanzar un dado y mirar el número que se obtiene, se consideran los sucesos $A = \{5,6\}$, $B = \{2,3,5\}$ y $C = \{1\}$. Calcula $P(A \cup B)$ y $P(A \cup C)$.

- $P(A) = \frac{2}{6}$ y $P(B) = \frac{3}{6}$, sin más que aplicar la regla de Laplace.
    - $A \cup B = \{2,3,5,6\}$, por lo que $P(A \cup B) = \frac{4}{6}$
    - $A \cap B = \{5\}$, luego $P(A \cap B) = \frac{1}{6}$

    Los sucesos A y B son compatibles, ya que su intersección es distinta de 0. Si, para hallar $P(A \cup B)$, sumamos $P(A)$ y $P(B)$, estamos contando dos veces el 5, que es la intersección de A y B; por tanto:

    $$P(A \cup B) = P(A) + P(B) - P(A \cap B) = \frac{2}{6} + \frac{3}{6} - \frac{1}{6} = \frac{4}{6} = \frac{2}{3}$$

- $P(A) = \frac{2}{6}$ y $P(C) = \frac{1}{6}$
    - $A \cup C = \{1,5,6\}$, luego $P(A \cup C) = \frac{3}{6}$
    - $A \cap C = \emptyset$.

    A y C son incompatibles, por tanto:

    $$P(A \cup C) = P(A) + P(C) = \frac{2}{6} + \frac{1}{6} = \frac{3}{6} = \frac{1}{2}$$

Como se desprende de este ejemplo, en un experimento aleatorio, dados dos sucesos A y B:

- Si A y B son incompatibles, $A \cap B = \emptyset$, entonces $P(A \cap B) = 0$. Por tanto:

$$P(A \cup B) = P(A) + P(B)$$

- Si A y B son compatibles, $A \cap B \neq \emptyset$, $P(A \cap B) \neq 0$. Por tanto:

$$P(A \cup B) = P(A) + P(B) - P(A \cap B)$$

Ejercicios

73. En un experimento aleatorio se consideran los sucesos A y B. Estudia si son o no compatibles si se verifican las siguientes probabilidades:

    (a) $P(A) = 0,3$, $P(B) = 0,5$ y $P(A \cup B) = 0,6$

    (b) $P(A) = \frac{5}{12}$, $P(B) = \frac{1}{4}$ y $P(A \cup B) = \frac{2}{3}$

    (c) $P(A) = 0,53$, $P(B) = 0,27$ y $P(A \cup B) = 0,8$

74. Para hacer una prueba de televisión, se han presentado 20 chicos morenos y 12 rubios. De los morenos, 5 tienen los ojos azules, y de los rubios, 8. Eligiendo un chico al azar, halla la probabilidad de que:

    (a) Sea moreno.

    (b) Sea rubio.

(c) Tenga los ojos azules.

(d) No tenga los ojos azules.

(e) Sea moreno o tenga los ojos azules.

(f) Sea rubio y no tenga los ojos azules.

(g) Tenga los ojos azules, si se sabe que es moreno.

(h) Los sucesos "moreno" y "ojos azules", ¿son compatibles? ¿Son independientes?

75. Hemos quitado varias cartas de una baraja española de manera que, al extraer una carta al azar del montón resultante, tenemos las siguientes probabilidades: $P(\text{as}) = 0,4$; $P(\text{oros}) = 0,5$, y $P(\text{as de oros}) = 0,2$.

    (a) Calcula la probabilidad de obtener un as o una carta de oros.

    (b) Los sucesos $A = $ "oros" y $B = $ "as", ¿son compatibles o incompatibles?

(c) Calcula el número de cartas que hay en el montón.

76. Lanzamos un dado dodecaédrico (12 caras) y consideramos los siguientes sucesos: $A =$ "12", $B =$ "par", $C =$ "menor que 5" y $D =$ "múltiplo de 6".

    (a) Describe los siguientes sucesos y especifica los sucesos elementales que los componen: $A \cup B, A \cup C, B \cap C, A \cap B, A \cap C$ y $A \cap D$.

    (b) ¿Cuáles de los sucesos son compatibles?

    (c) Calcula la probabilidad de los sucesos unión e intersección indicados anteriormente.

77. Si dos sucesos, A y B, distintos del suceso imposible, son incompatibles, ¿se puede afirmar que son independientes?

78. Se saca una carta de una baraja española. Calcula la probabilidad de los siguientes sucesos.

    (a) Obtener una espada

    (b) Obtener un siete

(c) Obtener una espada o un siete

(d) No obtener un siete

(e) No obtener ni una espada ni un siete

79. En una biblioteca de un centro escolar llega un paquete de 50 libros que hay que ordenar. Veinte libros están escritos en lengua inglesa, 10 de ellos son novelas, otros 5 son de texto, y el resto, de poesía. Los otros 30 libros están escritos en francés, y de ellos hay 15 novelas, 10 son de texto, y el resto, de poesía. Se coge un libro al azar. Elabora una tabla de doble entrada con los datos ordenados y calcula las probabilidades de que:

(a) Sea de poesía.

(b) Esté escrito en francés.

(c) Sea de poesía y esté escrito en francés.

(d) No esté escrito en francés ni sea de poesía.

80. ¿Cómo piensas que son los sucesos $\overline{A \cup B}$ y $\overline{A} \cap \overline{B}$? ¿Y los sucesos $\overline{A \cap B}$ y $\overline{A} \cup \overline{B}$? Demuestra que:

$$P(\overline{A} \cup \overline{B}) - P(A \cup B) = 1 - P(A) - P(B)$$

81. Lanzamos una moneda y tiramos un dado y observamos los resultados obtenidos.

    (a) Escribe el espacio muestral del experimento.

    (b) Halla la probabilidad de obtener una cara y un 6.

    (c) Halla la probabilidad de obtener una cruz o un 6.

82. La probabilidad de que falle la unidad central del ordenador es de 0,05; la de que falle la pantalla, de 0,0025, y la de que falle el teclado, de 0,001. ¿Cuál es la probabilidad de que no falle ningún componente?

83. Sabiendo que $P(\overline{A}) = 0,3$, $P(B) = 0,6$ y $P(A \cap B) = 0,4$, calcula $P(A \cup B)$.

84. La tabla muestra las preferencias sobre el viaje de fin de curso que van a realizar los 90 alumnos de 4o. de ESO de un centro escolar, diferenciando el sexo.

	Chicas	Chicos
Roma	25	15
París	20	30

    Se escoge un alumno al azar. Calcula las probabilidades de que:

    (a) Prefiera ir a Roma.

    (b) Sea chica.

    (c) Prefiera ir a Roma y sea chica.

    (d) Prefiera ir a Roma o sea chica.

    (e) Ni prefiera ir a Roma ni sea chica.

    (f) Sabiendo que prefiere ir a Roma, que sea chica.

    (g) Sabiendo que es chica, que prefiera ir a Roma.

85. En una universidad, el 55% de los estudiantes son alumnas. El 45% del total de personas que están matriculadas cursan una carrera experimental.

    De la gente que cursa carrera no experimental, el 55% son chicos.

    (a) Se elige al azar un estudiante. ¿Cuál es la probabilidad de que sea chica y estudie una carrera experimental?

    (b) Se elige al azar un estudiante que resulta ser chico. ¿Cuál es la probabilidad de que estudie una carrera experimental?

86. Un Ayuntamiento encarga a una empresa realizar un estudio sobre las preferencias de los habitantes de la localidad en lo que se refiere a la oferta de tres actividades deportivas.

    Se realiza una encuesta a una muestra de 1000 vecinos. Cada vecino debe contestar si está interesado en cada una de las tres actividades y se presentan los siguientes datos.

	Vecinos interesados
Fútbol	816
Natación	723
Mantenimiento	645

    Al observar los datos, existen ciudadanos que decantan por más de una de las actividades y presentan también estos datos.

	Vecinos interesados
Fútbol y natación	562
Natación y mantenimiento	470
Fútbol y mantenimiento	463
Las tres actividades	310

    ¿Qué puedes afirmar sobre el estudio realizado por la citada empresa? ¿Hay algún tipo de error?

7 Probabilidad total

A veces no se conoce la probabilidad de un suceso, B, pero si la probabilidad de ese suceso condicionado a otros sucesos. Si esos sucesos a los que se condiciona tienen probabilidad no nula, son incompatibles dos a dos y su unión es el espacio muestral, forman un sistema completo de sucesos.

Teorema de la probabilidad total. Sea $A_1, A_2, \ldots, A_n$ un sistema completo de sucesos y sea B un suceso cualquiera para el que se conocen las probabilidades de $P(B|A_i)$, entonces la probabilidad del suceso B viene dada por la siguiente expresión:

$$P(B) = P(B|A_1) \cdot P(A_1) + P(B|A_2) \cdot P(A_2) + \cdots + P(B|A_n) \cdot P(A_n)$$

Ejercicio resuelto 7.1

Un ratón puede elegir entre tres caminos tal y como muestra la figura. Si elige el primero, se encuentra con otros dos caminos de los que uno acaba en un queso. Si elige el segundo, se encuentra con tres caminos de los que uno acaba en un queso, y si elige el tercero, se encuentra con otros tres caminos en los que dos acaban en un queso.

En cada nudo de caminos, el ratón elige uno de ellos al azar.
Calcula la probabilidad de que el ratón llegue a obtener un queso.

1. Elaboramos el diagrama de árbol de la situación.

2. Observamos las ramas del árbol que conducen a la situación que buscamos.

   Las probabilidades de las ramas que conducen al queso son:

   $$\frac{1}{3} \cdot \frac{1}{2} = \frac{1}{6} \quad \frac{1}{3} \cdot \frac{1}{3} = \frac{1}{9} \quad \frac{1}{3} \cdot \frac{1}{3} = \frac{1}{9} \quad \frac{1}{3} \cdot \frac{1}{3} = \frac{1}{9}$$

3. Sumamos las probabilidades de estas ramas.

   $$\frac{1}{6} + \frac{1}{9} + \frac{1}{9} + \frac{1}{9} = \frac{3+2+2+2}{18} = \frac{9}{18} = \frac{1}{2}$$

   La probabilidad de que el ratón llegue a obtener un queso es $\frac{1}{2}$.

Cuando un suceso se puede realizar por más de un camino de un diagrama de árbol, la probabilidad total de ese suceso se calcula sumando las probabilidades de las ramas del árbol que acaban en dicho suceso.

Ejercicios

87. Una bolsa contiene 2 bolas blancas y 3 verdes; una segunda bolsa contiene 1 bola blanca y 2 verdes, y una tercera bolsa contiene 1 bola de cada color.

    Se lanza un dado y, si sale el 1, se elige una bola de la primera bolsa. Si sale un número primo, se elige una bola de la segunda bolsa, y en otro caso, se elige de la tercera.

    ¿Cuál es la probabilidad de que la bola extraída sea blanca?

88. Una bolsa contiene 2 bolas blancas, 3 verdes y 1 roja, y otra contiene 3 bolas blancas, 2 verdes y 1 roja. Se lanza una moneda al azar y, si sale cara, se elige la primera bolsa; si sale cruz, la segunda. Se saca una bola de la bolsa elegida.

    Calcula la probabilidad de que sea verde.

89. Una bolsa contiene 3 bolas negras y 2 azules, y otra contiene 3 bolas negras y 1 azul. Se elige al azar una de las bolsas y se sacan 2 bolas con reemplazamiento. Calcula la probabilidad de que:

    (a) Las 2 sean negras.

    (b) Las 2 sean azules.

    (c) Sean de diferente color.

90. Una bolsa contiene 1 bola blanca y 2 negras. Otra bolsa contiene 2 bolas blancas y 1 negra. Se saca una bola de la primera bolsa y, sin mirar su color, se introduce en la segunda. A continuación se saca una bola de esta segunda bolsa.

    ¿Cuál es la probabilidad de que sea blanca? ¿Y de que sea negra?

91. Un gato persigue a un ratón. En su huida, el ratón se encuentra con 3 caminos diferentes y con la misma probabilidad de elegirlos. Si se mete en el primer camino, la probabilidad de que se salve es del 30%; en el segundo camino existe una trampilla por la que cabe el ratón, pero no el gato, y por último, el tercer camino es un callejón sin salida.

    Calcula la probabilidad de que el gato no cace al ratón.

92. En un aula de dibujo hay 40 sillas, 30 con respaldo y 10 sin él. Entre las sillas sin respaldo hay 3 nuevas, y entre las sillas con respaldo hay 7 nuevas. Elegida al azar una silla, ¿cuál es la probabilidad de que sea nueva?

93. A causa del mal estado de alguno de los alimentos ofrecidos en un restaurante, algunos comensales se han intoxicado. El síntoma principal es la aparición de fiebre; sin embargo, no a todos los intoxicados les aumenta la temperatura y, por otra parte, algunas personas que no se han intoxicado tienen fiebre por otras causas.

    En concreto, el 95% de los intoxicados tienen fiebre, y el 1% de los no intoxicados, también. Además, la intoxicación ha afectado al 45% de los clientes. Calcula la probabilidad de que una persona elegida al azar tenga fiebre.

94. Pedro llega de noche a su casa. En el bolsillo tiene 2 llaveros iguales; en uno están la llave de su casa y la de la oficina, y en el otro, la llave del coche, la del garaje y otra de su casa. En el momento en que mete la mano en el bolsillo se apaga la luz y decide elegir al azar uno de los llaveros y, de este, una de las llaves. ¿Cuál es la probabilidad de que la llave elegida abra la puerta de la casa?

95. Una caja contiene tres monedas P, S, T. La primera es normal, la segunda tiene cara por los dos lados, y la tercera está trucada de forma que la probabilidad de salir cara es $\frac{1}{3}$.

    Se elige una moneda al azar y se tira; halla la probabilidad de que se obtenga cara.

96. De los alumnos de 1.º de Bachillerato presentados a un concurso de literatura, el 72% estudiaba Humanidades; el 18% Ciencias Sociales, y el resto, Ciencias y Tecnología. El porcentaje de aprobados al final del curso fue del 91%, para los de Humanidades, del 83% para los de C. Sociales y del 78% para los de Ciencias y Tecnología. Elegido un alumno al azar de entre los presentados al concurso, halla la probabilidad de que haya aprobado.

97. Una bolsa contiene 12 bolas blancas, 10 negras y una verde. Se lanza una moneda y, si sale cara, se añade una bola verde a la bolsa, pero si sale cruz, se añaden dos negras. Finalmente, se extraen dos bolas. Calcula las siguientes probabilidades:

    (a) Las dos bolas son blancas y la extracción se ha realizado con reemplazamiento.

    (b) Las dos bolas son de diferente color y la extracción se ha realizado sin reemplazamiento.

98. Se lanza una moneda al aire y, si sale cara, se saca al azar una carta de una baraja española completa; si sale cruz, se saca una carta de una baraja que solo contiene las 12 figuras.

   (a) Calcula la probabilidad de obtener finalmente el caballo de bastos.

   (b) Calcula la probabilidad de obtener una figura.

99. Una bolsa contiene 2 bolas blancas, 2 negras y 3 verdes. Se lanza una moneda al aire y, si sale cara se introduce otra bola blanca en la bolsa. Si sale cruz, se deja la bolsa como estaba. A continuación se saca una bola de la bolsa. Calcula la probabilidad de que sea blanca.

100. En una bolsa hay 5 bolas con el número 1, 4 bolas con el número 2 y 6 bolas con el número 3. Se extraen dos bolas, una a una, sin reemplazamiento. Se pide:

   (a) Probabilidad de que la segunda bola tenga número impar.

   (b) Probabilidad de que las dos bolas tengan números pares.

101. La ciudad A tiene el triple de habitantes que la ciudad B, pero la proporción de universitarios en la ciudad B es el doble que en la A.

    (a) ¿En qué ciudad hay más universitarios?

    (b) Se elige un habitante al azar de una ciudad al azar. Averigua la probabilidad de que sea universitario, sabiendo que la proporción de estos en la ciudad A es del 10%.

102. El volumen de fabricación de un producto en tres plantas diferentes de una empresa es de 500 unidades en la primera, 1000 en la segunda y 2000 en la tercera. Sabiendo que el porcentaje de unidades defectuosas producidas en cada planta es del 1%, 0,8% y 2%, respectivamente, calcula la probabilidad de que al seleccionar al azar una unidad sea defectuosa.

8 Teorema de Bayes

La fórmula del teorema de Bayes permite calcular la probabilidad de las causas un suceso en función del suceso que ya se ha producido.

Sea $A_1, A_2, \ldots, A_n$, un sistema completo de sucesos, y sea B un suceso cualquiera para el que se conocen las probabilidades $P(B|A_i)$. El teorema de Bayes establece que las probabilidades $P(A_i|B)$ vienen dadas por la siguiente expresión:

$$P(A_i|B) = \frac{P(B|A_i) \cdot P(A_i)}{P(B|A_1) \cdot P(A_1) + P(B|A_2) \cdot P(A_2) + \cdots + P(B|A_n)P(A_n)}$$

- Las probabilidades $P(A_i)$ se denominan a priori

- Las probabilidades $P(B|A_i)$ se denominan verosimilitudes

- Las probabilidades $P(A_i|B)$ se denominan a posteriori.

Existe una forma más simple de la fórmula del teorema de Bayes, cuando sólo tenemos dos sucesos:

$$P(A|B) = \frac{P(B|A) \cdot P(A)}{P(B)}$$

Ejercicio resuelto 8.1

El 70% de los clientes de una compañía de seguros de automóviles tiene más de 25 años. Un 5% de los clientes de ese grupo tiene algún accidente a lo largo del año. En el caso de los clientes menores de 25 años, este porcentaje es del 20%.

(a) Si se escoge un asegurado al azar, calcula la probabilidad de que tenga algún accidente este año.

(b) Si una persona tuvo algún accidente, calcula la probabilidad de que sea menor de 25 años.

Definamos los siguientes sucesos:

- A = "tiene algún accidente"
- B = "menor de 25 años"

(a) Aplicamos el teorema de la probabilidad total:

$$P(A) = P(A|B) \cdot P(B) + P(A|\overline{B}) \cdot P(\overline{B}) = 0,2 \cdot 0,3 + 0,05 \cdot 0,7 = 0,095$$

(b) Se utiliza la fórmula de Bayes:

$$P(B|A) = \frac{P(A|B)P(B)}{P(A)} = \frac{0,2 \cdot 0,3}{0,095} = 0,63$$

Ejercicios

103. Una oficina de un banco tiene dos cajeros automáticos, uno exterior y otro interior. El porcentaje de utilización del cajero exterior es del 65%. La probabilidad de que el cajero interior se trague la tarjeta es de 0,06, y la de que lo haga el cajero exterior, de 0.08. Si a un hombre, al sacar dinero, el cajero se le ha tragado la tarjeta, ¿cuál es la probabilidad de que haya utilizado el cajero exterior?

104. Se toman dos barajas españolas de 40 cartas. Se extrae una carta de la primera baraja y se introduce en la segunda. Se mezclan las cartas de esta segunda baraja y se extrae al azar una de ellas que resulta ser el dos de oros. ¿Cuál es la probabilidad de que la primera carta extraída fuera una espada?

105. Un equipo de fútbol juega el 50% de los partidos en casa. De los partidos jugados fuera de casa gana 35%, pierde un 25% y empata un 40%. De los partidos jugados en casa pierde un 12% gana un 72% y empata un 16%. Si ganó el último partido. ¿cuál es la probabilidad de que haya jugado fuera de casa?

106. Tras un estudio realizado sobre los taxistas de una ciudad española, se ha observado que el 70% tiene más de 40 años, y de éstos, el 60% es propietario del vehículo que conduce. También se ha averiguado que el porcentaje de taxistas que, no superando los 40 años, es propietario del vehículo que conduce se reduce al 30%.

(a) Halla la probabilidad de que un taxista, elegido al azar, sea propietario del vehículo que conduce.

(b) Se elige un taxista al azar, y se comprueba que es propietario del vehículo que conduce. ¿Cuál es la probabilidad de que tenga más de 40 años?

107. El 60% de los habitantes de una ciudad está satisfecho con su situación económica, y el 80% de esos habitantes tiene vivienda propia. De los no satisfechos con su situación económica, solo el 20% tienen vivienda propia.

   (a) ¿Qué tanto por ciento de habitantes tiene vivienda propia?

   (b) ¿Qué tanto por ciento de los habitantes que tienen vivienda propia está satisfecho con su situación económica?

   (c) ¿Qué tanto por ciento de los habitantes sin vivienda propia está satisfecho con su situación económica?

108. Se han clasificado los trasplantes de corazón en urgentes y programados. Del total de trasplantes realizados entre los años 1999 y 2007 en los hospitales A, B y C, el 36% se efectuó en A: el 18%, en B, y el 46% en C. De los efectuados en A, el 26% fueron urgentes: de los efectuados en B fueron programados el 90%, y de los efectuados en C, fueron urgentes el 11%. Se ha elegido un paciente sometido a un trasplante urgente. ¿Cuál es la probabilidad de que haya sido operado en el hospital A?

109. Supongamos que el 5% de la población puede padecer apendicitis (2% en estado agudo, A, y 3% en estado crónico, C) y el 95% no. Uno de los síntomas es el dolor de estómago. Las probabilidades de tener dolor de estómago padeciendo el estado A, el estado C o no teniendo la enfermedad son del 90%, 70% y 10%, respectivamente. Halla la probabilidad de que una persona con dolor de estómago sufra realmente el estado A de apendicitis.

110. Una encuesta revela que el 30% de la población tiene estudios, de los cuales el 12% no tiene trabajo. Del 70% que no tiene estudios, un 25% no tiene trabajo. Determina razonadamente:

   (a) El tanto por ciento de la población que no tiene trabajo.

   (b) La probabilidad de que tenga estudios una persona elegida al azar entre las que tienen trabajo.

   (c) La probabilidad de que tenga estudios una persona elegida al azar entre las que no tienen trabajo.

111. En un comercio, la probabilidad de que haya un incidente es de 0,1. Si este se produce, la probabilidad de que la alarma suene es de 0,95. La probabilidad de que funcione la alarma sin que haya incidente es de 0,03. Se sabe que ha funcionado la alarma. Halla la probabilidad de que no haya habido incidente.

112. En un aula de dibujo hay 40 sillas. 30 con respaldo y 10 sin él. Entre las sillas sin respaldo hay 3 nuevas, y entre las sillas con respaldo hay 7 nuevas. Elegida una silla al azar, se observa que es nueva. ¿Cuál es la probabilidad de que no tenga respaldo?

113. Se han realizado pruebas clínicas para estudiar si los 85 pacientes que entran en las urgencias de un hospital durante un sábado padecen hipertensión y diabetes. La tabla muestra los resultados de dichas pruebas.

	Positivo	Negativo
Hipertensión	25	60
Diabetes	15	70

Además, se sabe que 3 de los pacientes han dado positivo en las dos pruebas.

Calcula la probabilidad de que dos de esos pacientes, elegidos al azar, no padezcan ninguna de las dos enfermedades.

Soluciones

1. (a) 16 resultados: $\{CCCC, CCCX, CCXC, CXCC, XCCC, CCXX, CXCX, XCCX, CXXC, XCXC,$
   $XXCC, XXXC, XXCX, XCXX, CXXX, XXXX\}$.

   (b) 216 resultados. item $C_{10,2} = 45$

2. (a) I_1I_2, I_1I_3, I_2I_3 y F_1F_2.

   (b) $I_1F_1, I_1F_2, I_2F_1, I_2F_2, I_3F_1$ y I_3F_2.

   (c) $I_1F_1, I_1F_2, I_2F_1, I_2F_2, I_3F_1, I_3F_2$ y F_1F_2.

   (d) $I_1I_2, I_1I_3, I_1F_1, I_1F_2, I_2I_3, I_2F_1, I_2F_2, I_3F_1$ y I_3F_2.

3. (a) $B_1B_2, B_1N_1, B_1N_2, B_1N_3, B_2N_1, B_2N_2, B_2N_3, N_1N_2, N_1N_3$ y N_2N_3

   (b) $S \cup T = \{B_1B_2, B_1N_1, B_1N_2, B_1N_3, B_2N_1, B_2N_2, B_2N_3, N_1N_2, N_1N_3, N_2N_3\}$, $S \cap T = \{B_1B_2\}$,
   $\overline{S} = \{B_1N_1, B_1N_2, B_1N_3, B_2N_1, B_2N_2, B_2N_3\}, \overline{T} = \{N_1N_2, N_1N_3, N_2N_3\}, \overline{S} \cap T = \emptyset$.
   S y T son compatibles.

4. (a) $\{B_1B_1, B_1B_2, B_1N, B_2B_1, B_2B_2, B_2N, NB_1, NB_2, NN\}$

   (b) $\{B_1B_2, B_1N, B_2B_1, B_2N, NB_1, NB_2\}$

   (c) $\{B_1B_2, B_1N, B_2N\}$

   - $A = \{B_1B_1, B_1B_2, B_2B_1, B_2B_2\}$ (con reemplazamiento); $A = \{B_1B_2, B_2B_1\}$ (sin reemplazamiento); $A = \{B_1B_2\}$ (dos bolas a la vez)
   - $B = \{B_1B_1, B_1B_2, B_2B_1, B_2B_2, NN\}$ (con reemplazamiento); $B = \{B_1B_2, B_2B_1\}$ (sin reemplazamiento); $B = \{B_1B_2\}$ (dos bolas a la vez)
   - $C = \emptyset$ (en los tres casos)

5. (a) $\{CC, CX, XC, XX\}$

   (b) $\{CCC, CCX, CXC, XCC, XXC, XCX, CXX, XXX\}$

6. (a) $A = \{2_R4_B\}$

   (b) $B = \{1_R6_B, 2_R5_B, 3_R4_B, 4_R3_B, 5_R2_B, 6_R1_B\}$

   (c) $C = \{1_R1_B, 2_R2_B, 3_R3_B, 4_R4_B, 5_R5_B, 6_R6_B\}$

7. $\overline{B} = \{1, 10\}, A \cup B = \{1, 3, 5, 7, 9, 10\} = E$ y $A \cap C = \{10\}$. B es el suceso seguro y C un suceso elemental

8. (a) $\overline{A} = \{2, 3, 4, 5, 6\}$

   (b) $\overline{C} = \{4, 6\}$

   (c) $\overline{B} = \{1, 3, 5\}$

   (d) $\overline{D} = \{3, 4, 5, 6\}$

9. (a) $\frac{1}{16}$

   (b) $\frac{11}{188}$

10. $\frac{\binom{8}{2}+\binom{2}{2}}{\binom{10}{2}} = \frac{29}{45}$

11. (a) $\frac{1}{8}$

    (b) $\frac{1}{2}$

    (c) $\frac{1}{2}$

12. $\frac{3}{4}$

13. $\frac{19}{40}$

14. $\frac{10}{36}$

15. $\frac{1}{2}$

16. $E = \{CC, CX, XC, XX\}$. $P(A) = \frac{1}{4}$, $P(B) = \frac{1}{4}$ y $P(C) = \frac{1}{2}$. La suma es 1, la probabilidad del suceso seguro.

17. 1, es un suceso seguro.

18. $P(\text{mismo país}) = \frac{1}{5}$. $P(\text{mismo continente}) = \frac{13}{25}$.

19. (a) $P(A) = \frac{1}{10}$ (c) $P(B) = \frac{1}{4}$

    (b) $P(C) = \frac{12}{40}$ (d) $P(D) = \frac{3}{4}$

20. (a) $\frac{6}{35}$

    (b) $\frac{11}{35}$

21. (a) $\frac{1}{6}$

    (b) $\frac{1}{2}$

22. $0,7$

23. (a) $P(V) = \frac{12}{50}$, $P = \frac{38}{50}$ el

    (b) 300 verdes y 950 plateados

24. (a) $\{(0,1),(0,2),(0,3),(0,4),(1,2),(1,3),(1,4),(2,3),(2,4),(3,4)\}$. Son equiprobables.

    (b) $\frac{2}{10}$

    (c) $\frac{6}{10}$

    (d) $\frac{1}{10}$

25. (a) $P(1) = P(2) = P(3) = P(4) = \frac{1}{8}$; $P(5) = P(6) = \frac{1}{4}$

    (b) $\frac{3}{4}$

    (c) $\frac{1}{4}$

26. $\frac{1}{5}$

27. 1

28. $P(\text{Belén}) = \frac{2}{5}$, $P(\text{Ricardo}) = \frac{3}{10}$, $P(\text{Javier}) = \frac{1}{5}$ y $P(\text{Elena}) = \frac{1}{10}$.

29. $P(\text{punta hacia arriba}) = \frac{78}{450}$. $P(\text{Apoyándose cabeza y punta}) = \frac{372}{450}$.

30. - $P(C) = 0,0486$
    - $P(T) = 0,004$

- $P(D) = 0,777$

31. (a) 16 sucesos, equiprobables.

    (b) 4 sucesos, no equiprobables.

    (c) 6 sucesos, no equiprobables.

32. Obtener 4 cruces. $P(\text{al menos una cara}) = 1 - P(XXXX) = 1 - \frac{1}{16} = \frac{15}{16}$. $P(\text{al menos una cara}) = P(CCCC) + P(CCCX) + P(CCXC) + P(CXCC) + P(XCCC) + P(CCXX) + P(CXCX) + P(CXXC) + P(XCCX) + P(XCXC) + P(XXCC) + P(XXXC) + P(XXCX) + P(XCXX) + P(CXXX) = \frac{15}{16}$

33. (a) $1 - P(6,6) = \frac{35}{36}$

    (b) $1 - (\text{no obtener caballos}) = 1 - \frac{\binom{36}{2}}{\binom{40}{2}} = 1 - \frac{21}{26} = \frac{5}{26}$.

34. $\frac{4}{5}$. Son sucesos contrarios.

35. $\frac{675}{3916}$

36. $\frac{30}{36}$

37. (a) $\frac{1}{3}$

    (b) $P(S_1|S_2) = \frac{1}{3} \neq \frac{2}{3} P(S_1)$, no son independientes.

38. (a) $\frac{1}{5}$

    (b) $\frac{1}{20}$

    (c) $\frac{3}{5}$

39. (a) $\frac{1}{5}$

    (b) $\frac{1}{25}$

    (c) $\frac{3}{5}$

40. (a) Simple

    (b) Simple

    (c) Compuesto

    (d) Simple

    (e) Compuesto

    (f) Simple

41. $\frac{1}{15}$

42. (a) $\frac{1024}{3125}$

    (b) $\frac{256}{3125}$

    (c) No, si es indiferente el tiro que falle, la probabilidad es $\frac{1280}{3125}$

43. (a) $\frac{6}{25}$

    (b) $\frac{6}{20}$

44. $P(CCCC) = \frac{1}{16}$. $P(CCCX) = \frac{1}{16}$

45. $P(CCC) = P(CCX) = P(CXC) = P(CXX) = P(XCC) = P(XCX) = P(XXC) = P(XXX)$.

46. (a) $\frac{3}{5} \cdot \frac{4}{25}$

    (b) $\frac{243}{500}$

47. $\frac{3519}{5000} = 0,7038$

48. $P(\text{La suma de puntos obtenida es } 7) > P(\text{La suma de puntos obtenida es } 3) = P(\text{La suma de puntos obtenida es } 11)$

49. $E = \{(1,1),(1,2),(1,3),(1,4),(1,5),(1,6),(2,1),(2,2),(2,3),(2,4),(2,5),(2,6),(3,1),(3,2),(3,3),(3,4),(3,5),(3,6),$
    $(4,1),(4,2),(4,3),(4,4),(4,5),(4,6),(5,1),(5,2),(5,3),(5,4),(5,5),(5,6),(6,1),(6,2),(6,3),(6,4),(6,5),(6,6)\}$

    (a) $P(A) = \frac{1}{36}$

    (b) $P(B) = \frac{4}{36}$

    (c) $P(C) = \frac{9}{36}$

    (d) $P(D) = \frac{3}{36}$

50. (a) $\frac{1}{2500}$

    (b) $\frac{1}{4}$

    (c) 0 y $\frac{600}{2450}$.

51. (a)

	Verdes	Rojas	Total
Lunares	4	5	9
Lisas	6	10	16
Total	10	15	25

    (b) $\frac{10}{25}$

    (c) $\frac{16}{25}$

    (d) $\frac{6}{25}$

    (e) $\frac{5}{9}$

52. $\frac{1}{5}$.

53. $\frac{9}{21}$.

54.

	A	B	Total
a	8	12	20
b	13	7	20
Total	21	19	40

(a) $\frac{8}{20}$ (b) $\frac{13}{20}$ (c) $\frac{7}{19}$

55. 1.

56. $0,36$.

57. No, los datos son incongruentes.

58. $P(A) = P(B) = \frac{2}{5}$. $P(A \cap B) = P(A) \cdot P(B) = \frac{4}{25}$. Sin reemplazamiento: $P(A) = P(B)\frac{2}{5}$. $P(A \cap B) = P(B|A) \cdot P(A) = \frac{2}{20}$.

59. (a) $\frac{29}{49}$

(b) $\frac{21}{42}$.

60. (a) 60%.
    (b) 20%.
    (c) $\frac{5}{7}$

61. (a) 0,274625
    (b) 0,443625

62. (a) $P(A) = \frac{12}{48}, P(B) = \frac{12}{48}, P(A \cap B) = \frac{3}{48}, P(A|B) = \frac{3}{12}$ y $P(B|A) = \frac{3}{12}$.
    (b) Sí.

63. $\frac{6}{10}$.

64. (a) No lo son.
    (b) Sí lo son.
    (c) No lo son.

65. (a) $\frac{1}{11}$
    (b) $\frac{1}{11}$

66. (a) No lo son.
    (b) Sí lo son.

67. (a) $A \cap B = \{S_O, C_O, R_O\}$ (c) $A \cap C = \{A_O\}$ (e) $B \cap C = \emptyset$
    (b) $A \cap D = \{C_O\}$ (d) $B \cap D = \{C_O, C_B, C_E, C_C\}$ (f) $C \cap D = \emptyset$

68. (a) $\frac{2}{5}$
    (b) $\frac{2}{4}$

69. (a) $\frac{1}{8}$
    (b) $\frac{1}{9}$

70. (a) No son independientes.
    (b) $\frac{90}{1560}$ (baraja de 40 cartas), $\frac{132}{2256}$ (baraja de 48 cartas)

71. (a) $\frac{40}{132}$
    (b) $\frac{24}{50}$

72. $\frac{2}{45}$

73. (a) Compatibles.
    (b) Incompatibles.
    (c) Incompatibles.

74. (a) $\frac{20}{32}$
    (b) $\frac{12}{32}$
    (c) $\frac{13}{32}$

- (d) $\frac{19}{32}$
- (e) $\frac{24}{32}$
- (f) $\frac{4}{32}$
- (g) $\frac{5}{20}$
- (h) Son compatibles y dependientes.

75.
    (a) 0,7
    (b) Compatibles
    (c) 10 como mínimo.

76.
    (a) $A \cup B = \{2,4,6,8,10,12\}, A \cup C = \{1,2,3,4,12\}, B \cap C = \{2,4\}, A \cap B = \{12\}, A \cap C = \emptyset$ y $A \cap D = \{12\}$.
    (b) A y B, A y D, B y C y B y D
    (c) $P(A \cup B) = \frac{1}{2}, P(A \cup C) = \frac{5}{12}, P(B \cap C) = \frac{1}{6}, P(A \cap B) = \frac{1}{12}, P(A \cap C) = 0$ y $P(A \cap D) = \frac{1}{12}$.

77. No son independientes.

78.
    (a) $\frac{1}{4}$
    (b) $\frac{1}{12}$
    (c) $\frac{15}{48}$
    (d) $\frac{11}{12}$
    (e) $\frac{33}{48}$

79.

	Francés	Inglés
Novelas	15	10
Texto	10	5
Poesía	5	5

   (a) $\frac{1}{5}$
   (b) $\frac{3}{5}$
   (c) $\frac{1}{10}$
   (d) $\frac{15}{50}$

80. Iguales. Iguales.
$$P(\overline{A} \cup \overline{B}) - P(A \cup B) = P(\overline{A \cap B}) - P(A \cup B) = 1 - P(A \cap B) - P(A \cup B) =$$
$$= 1 - P(A \cap B) - P(A) - P(B) + P(A \cap B) = 1 - P(A) - P(B)$$

81.
    (a) $\{(C,1),(C,2),(C,3),(C,4),(C,5),(C,6),(X,1),(X,2),(X,3),(X,4),(X,5),(X,6)\}$
    (b) $\frac{1}{12}$
    (c) $\frac{7}{12}$

82. 0,946677375

83. $P(A \cup B) = 0,5$.

84.
    (a) $\frac{4}{9}$

- (b) $\frac{1}{2}$
- (c) $\frac{25}{90}$
- (d) $\frac{2}{3}$
- (e) $\frac{1}{3}$
- (f) $\frac{25}{40}$
- (g) $\frac{25}{45}$

85. (a) $\frac{99}{400}$
    (b) $\frac{99}{180}$

86. Si calculamos los vecinos que sólo les gusta el fútbol (101), solo la natación (1) y solo el mantenimiento (22) y sumamos todas las posibilidades, da 999, así que falta 1 ciudadano.

87. $\frac{2}{5}$

88. $\frac{5}{12}$

89. (a) $\frac{369}{800}$
    (b) $\frac{89}{800}$
    (c) $\frac{342}{800}$

90. $\frac{7}{12}, \frac{5}{12}$.

91. $\frac{13}{30}$.

92. $\frac{1}{4}$

93. 0,433

94. $\frac{5}{12}$

95. $\frac{11}{18}$

96. 0,8826

97. (a) $\frac{1201}{5000}$
    (b) $\frac{6503}{15000}$

98. (a) $\frac{5}{96}$
    (b) $\frac{5}{8}$

99. $\frac{37}{112}$

100. (a) $\frac{154}{210}$
     (b) $\frac{2}{35}$

101. (a) En A.
     (b) $\frac{1}{8}$

102. $\frac{53}{3500}$

103. $\frac{52}{73}$

104. $\frac{10}{41}$

105. $\frac{35}{107}$

106. (a) $\frac{51}{100}$

 (b) $\frac{14}{17}$

107. (a) 56%

 (b) 85,71%

 (c) 27,27%

108. $\frac{468}{811}$

109. $\frac{9}{67}$

110. (a) 21,1%

 (b) $\frac{88}{263}$

 (c) $\frac{36}{211}$

111. $\frac{27}{122}$

112. $\frac{3}{10}$

113. $\frac{188}{595}$

www.ingramcontent.com/pod-product-compliance
Lightning Source LLC
Chambersburg PA
CBHW041542220426
43664CB00002B/31